L'ARMÉE

AUX

GRANDES MANŒUVRES DE L'EST

RÉPONSE A M. J. REINACH

PARIS

IMPRIMERIE PAUL DUPONT

4, RUE DU BOULOI, 4

L'ARMÉE

AUX

GRANDES MANŒUVRES DE L'EST

* * *

L'ARMÉE

AUX

GRANDES MANŒUVRES DE L'EST

RÉPONSE A M. J. REINACH

PARIS

IMPRIMERIE PAUL DUPONT

4, RUE DU BOULOI, 4

I

Les peuples, comme les individus, ont parfois besoin de détendre leurs nerfs en suspendant le jeu continu et régulier des organes de leur existence ; ils ont besoin de se dilater, comme les travailleurs de la pensée ont besoin du grand air pour rafraîchir leur cerveau surchauffé.

Les grandes manœuvres s'offrent naturellement, chaque année, pour pratiquer cette méthode hygiénique : toute la jeunesse française se rassemble sur différents points du territoire ; les populations traversées par ces migrations éphémères prennent des airs de fête ; toutes les familles, ayant quelqu'un des leurs, engagé dans ces épreuves, épient les nouvelles de la vie des camps ; il semble qu'une immense et imposante cérémonie, écartant toutes les dissidences de culte, effaçant les ressentiments, faisant trêve aux luttes des partis, va être célébrée partout, à la même heure, sur l'autel de la patrie et *c'est l'armée qui officie.*

En cette année 1891, cette cérémonie avait été encore plus grandiose que de coutume, car les grandes manœuvres avaient réuni des effectifs plus considérables et embrassé un champ plus vaste. L'horizon restait bien le même pour le soldat, dont le métier doit être simple et n'est pas appelé à subir l'influence d'une plus grande quantité d'instruments dans le concert de la bataille ; il fallait, au contraire, démontrer que ces agglomérations plus grandes ne changeaient rien au rôle individuel des combattants, ni à l'agencement des petites unités et ne troublaient pas les résultats, déjà acquis dans les années précédentes ; mais l'orchestration de ce nouvel ensemble était évidemment plus difficile et plus délicate pour obtenir l'accord parfait ; c'était affaire surtout au commandement suprême et à notre grand état-major, mais encore fallait-il forger et tremper ces deux facteurs par une expérience.

Cette expérience eut donc lieu. Grâce à une préparation bien étudiée, aucun accroc ne survint au cours de ces manœuvres d'une envergure inconnue jusqu'ici.

Ces manœuvres n'avaient pas seulement pour but d'exercer et de nourrir des troupes plus nombreuses avec méthode et régularité, mais de resserrer les liens qui doivent unir des chefs, préalablement connus et expérimentés, d'exciter entre eux l'émulation sans atteindre jamais *la rivalité*, de sceller, par quelques journées de vie commune et de fatigues partagées, une confraternité de bon aloi. Ces résultats bienfaisants et réconfortants avaient été obtenus, la satisfaction était dans les cœurs et sur les visages ; on s'était séparé avec la pensée intime d'un revoir, toujours possible, à une heure solennelle et décisive pour les destinées du pays.

II

Tout à coup éclatèrent des notes discordantes, qui, lancées avec habileté, osèrent ébranler la confiance en transformant en illusions des succès avérés, et en voulant faire croire que la réussite des grandes manœuvres de 1891 n'avait été qu'un rêve trompeur ; nous ne pouvons laisser s'accréditer cette légende antipatriotique.

Ce fut un écrivain étranger, qui sonna la cloche d'alarme et publia, dans une revue anglaise, un récit peu louangeux de ces manœuvres ; nous en détachons seulement le passage propre à mettre en lumière un point qu'il convient d'éclaircir :

« La cavalerie, dit cet écrivain, gagnerait
« plus qu'elle ne perdrait à voir balayer,
« d'un coup, tous ses généraux. »

L'auteur de ces lignes, aussi crues que peu courtoises, avait été attaché à l'état-major du général, commandant l'armée dite de l'Ouest.

Puis vinrent d'autres critiques, plus serrées, plus détaillées, plus captieuses, mais non moins perfides, publiées dans la *Revue des Deux-Mondes* par un officier territorial qui, pendant ces manœuvres, avait fait partie du même état-major ; on y lit, notamment :

Page 284 « ... Dans la bataille du mer« credi 9 septembre, en avant de la ligne de « Vandœuvre, lorsque le 8e corps d'armée « s'élança à l'assaut, sans une pièce d'artil« lerie qui le soutint, contre les hauteurs de « Beurey, d'où toutes les pièces réunies du « 5e corps et de la réserve tonnaient sur lui, « sans doute, ce merveilleux déploiement de « parade excitait l'admiration frénétique du « public dont les bravos se mêlaient aux « accents irrésistibles des clairons qui son« naient la charge, mais que pesaient, le « lendemain, devant la critique rationnelle « ou devant la plus simple réflexion, cet « héroïsme » et cette « audace » de théâ« tre ? etc...... »

(Page 301) « ..... Au contraire, dans la « bataille de Colombey-les-Deux-Églises, le « 7e corps a dessiné, sur l'aile droite de l'ar« mée de l'Est, un mouvement d'une courbe « tellement excentrique qu'aucun lien ne le

« rattachait plus au 8e corps; si le combat « n'avait pas été interrompu par une sonnerie « qui paraît avoir été mal interprétée, il se « serait trouvé pris entre les feux croisés du « 6e corps, qui tenait le Bois-Cornet, et du « 5e, qui venait d'enlever Lignol et de re- « pousser le 8e vers Colombey...... Ce mou- « vement, qui détachait complètement le « 7e corps du 8e, ne pouvait avoir d'autres « résultats pratiques que de donner au géné- « ral commandant l'armée de l'Ouest le temps « d'écraser le 8e corps avec le 5e et ses ré- « serves et de se rabattre ensuite sur le flanc « du 7e, qui arrivait en ligne beaucoup trop « tard. »

Or, les 7e et 8e corps, ainsi écrasés, sur le papier, car nous reparlerons de la réalité, étaient précisément les adversaires de l'armée de l'Ouest ; il y a vraiment d'étranges coïncidences !

Quant à la cavalerie, dit le même officier territorial, elle a été inutile ; les deux tiers de ses généraux sont des invalides... il faut les réformer, etc.

En présence de pareilles imputations, dont aucun officier de cavalerie digne de ce nom ne voudrait être solidaire, on est amené forcément à remarquer que toutes les attaques, ce qui en diminue singulièrement la portée, partent sans cesse du même point, du même entourage, de la même école, école de désastres qu'il ne faut plus revoir, car jadis et pendant dix ans, elle a tenté d'asservir toute la cavalerie, de la coucher dans le lit de Procuste du camp de Châlons, pour retenir son essor; elle a, pour régner, divisé les esprits et fomenté déjà la poussée des jeunes contre les vieux, des subordonnés contre les chefs, telle qu'elle apparaît encore aujourd'hui dans l'œuvre du critique de la *Revue des Deux-Mondes.*

On se rappelle alors que le Ministre de la Guerre actuel, du haut de la tribune, prononça, le 7 novembre 1890, ces paroles :

« ..... les réductions que nous vous propo-
« sons sont de beaucoup inférieures à celles
« qui m'ont été demandées par les notabili-
« tés les plus autorisées de l'arme de la cava-
« lerie elle-même. J'ai été saisi, par ceux qui
« illustrent le plus la cavalerie, de proposi-
tions arrivant à un chiffre notablement
« supérieur aux réductions qui vous sont

« proposées . . . .

« . . . . »

Après avoir mutilé la cavalerie, il ne s'agit rien moins aujourd'hui que de la déshonorer. Il faut qu'elle connaisse ses amis et ses ennemis, et nous allons démontrer, preuves en main, prenant corps à corps les critiques signalées, que les attaques, dirigées contre les acteurs principaux des grandes manœuvres, ne sont que la continuation d'une œuvre de persécution jalouse, entreprise depuis longtemps.

III

De la préparation des grandes manœuvres

L'auteur de l'article se plaint de la préparation minutieuse, qui avait précédé le déroulement des manœuvres et permis d'embrasser, en quelques jours, un programme trop « touffu » ; il signale aussi certaines invraisemblances.

Nous voyons là les impressions d'un néophyte, qui s'attendait peut-être à voir arrêter l'instruction des troupes là où commençaient, dans son imagination, les scènes de carnage ; il nous sera facile de répondre aux objections de cet ordre.

Nous comprenons aussi l'étonnement d'un commandant d'armée qui, habitué pendant de longues années à faire pivoter ses troupes en tous sens, sur un tapis de verdure, maniait, pour la première fois, des corps de toutes armes en terrain varié ; nous ne lui en faisons pas un crime, car ce n'était pas précisément la même chose que ce qu'il avait pratiqué jusqu'ici ; il n'avait plus dans la main les fils conducteurs, qui lui permettaient naguère de faire jaillir des escadrons comme des fontaines lumineuses et il a pu se tromper.

Hélas ! il faut en faire son deuil ; les Meissonier de l'avenir n'auront plus à peindre un général campé fièrement sur son coursier et observant sur un point culminant ; la lorgnette légendaire de Napoléon Ier ne suffit plus à voir tout ce qui passe sur un champ de bataille de 30 à 40 kilomètres, de même que les estafettes, qui hélaient si facilement les uns ou les autres dans la plaine de Châlons, ne servent plus en terrain varié et sur des étendues aussi vastes. La situation à laquelle s'appliquerait un ordre improvisé au cours d'un engagement serait probablement déjà changée lorsque l'ordre arriverait ; il faut préparer, prévoir et ne s'engager qu'à bon escient ; là est le talent.

Cette préparation minutieuse et intempestive qui, selon l'auteur critique, aurait substitué « l'angoisse des responsabilités » au principe plus fécond de « l'initiative » n'avait cependant pas paru inutile à son propre chef, qui avait de beaucoup dépassé les prévisions du grand état-major, car cet officier général avait, malgré les conseils de ce même état-major, obtenu du Ministre de la Guerre l'autorisation d'aller, dès le 10 juin, avec tout son état-major, étudier sur place le terrain d'action de ses troupes, chercher les positions jour par jour et avait consacré plusieurs semaines à cet examen, de manière à supprimer toute espèce d'hésitation et de surprise.

Beaucoup de conventions sont indispensables en manœuvres, autant pour éviter des conflits que pour permettre d'embrasser, en quelques jours, les différentes hypothèses propres à développer l'instruction des troupes. Il est évident qu'à la guerre, des armées ne se battent pas pendant huit jours consécutifs, et c'est cependant ce qui se passe forcément dans les manœuvres; personne ne s'y trompe et, si on voulait rester dans la réalité des choses, il faudrait consacrer des mois aux

2

grandes manœuvres ou se contenter d'une simple marche.

On peut regretter que l'on soit forcé de désigner à l'avance les cantonnements, ce qui permet de connaître exactement l'échiquier sur lequel les troupes sont disposées ; la méthode contraire a déjà été essayée et n'a jamais abouti qu'à des désordres et à des lenteurs. Lorsque les cantonnements sont livrés au premier occupant, il en résulte forcément un enchevêtrement nuisible, les parcours inégalement répartis, le travail du lendemain est considérablement troublé, des fatigues excessives sont imposées partiellement et les communications propres à relier les différents états-majors, succédant encore aux manœuvres de la journée, multiplient les difficultés.

On a pu voir, il est vrai, une division de cavalerie, obligée de parcourir 50 kilomètres pour gagner ses cantonnements, mais cette marche était rendue nécessaire par le déroulement des opérations et les fatigues excessives de cette journée ont été atténuées, autant que possible, par la prudence du commandant de cette division.

La nécessité d'adopter certaines conventions rigoureuses a toujours été démontrée par la pratique, sous peine d'invraisemblances ridicules.

Le général Gresley, il y a quelques années, ayant tenté, dans le 5e corps, de laisser toute initiative à ses deux divisionnaires d'infanterie, chacun d'eux fit un mouvement tournant qui éreinta les troupes et on se retrouva face à face après avoir simplement changé de côté.

De même, il y a trois ou quatre ans, dans le 9e corps, le directeur de la manœuvre ayant jugé à propos de modifier, pendant la nuit, une situation acquise la veille et n'ayant pu faire connaître à tous les corps des changements apportés inopinément au programme, il advint qu'une brigade de cuirassiers fut déclarée hors de combat pour cacher cette inadvertance. On sait les déclamations qui éclatèrent alors dans la presse contre la cavalerie et cependant l'erreur ne pouvait lui être imputée.

C'est donc avec un sentiment exact de la bonne préparation des manœuvres, que le grand état-major a su écarter, en 1891, toutes les causes de désordre et composer un programme très instructif dans un temps très limité.

Une autre critique de même nature appelle une réplique :

«... On annonce, d'une part, à heure fixe, « toutes les représentations; on décide, « d'autre part, *ne varietur*, que l'infanterie « ne se mettra jamais en marche avant « 7 heures du matin; sur quoi, à un mois « d'août frileux, succède un mois de sep- « tembre très chaud et voilà les fantassins « qui, au lieu de profiter des fraîcheurs vivi- « fiantes de l'aube pour « avaler » des kilo- « mètres, etc... »

En effet, si le grand état-major a pu prévoir à l'avance l'existence des accidents de terrain : ruisseaux, ravins, chemins de fer, etc., susceptibles de barrer le passage ou de ralentir la marche des troupes, il n'avait pas eu le pouvoir de commander au chef suprême des machinistes la température la plus sereine qui pût convenir aux acteurs.

La pluie, le soleil ou le vent sont des éléments avec lesquels il faut compter aussi bien en manœuvres qu'à la guerre, et, au risque de quelques insolations bénignes ou de quelques rhumes, il n'eut peut-être pas été mauvais que ces conditions atmosphériques se fussent produites. Cela eût été encore moins cruel que le procédé de Charles XII qui ne semble pas déplaire à l'auteur et qui consistait à charger un coup de fusil sur cent pour éviter, dans les manœuvres, les invraisemblances qui « peuvent faire illusion au « gros public et même à certains reporters ». Mais M. R..., seul, ne s'y trompe pas et n'a pas de ces illusions, paraît-il.

On se rappelle à Austerlitz la colonne de 2,000 hommes qui trouva la mort dans la glace brisée par des rayons de soleil inattendus en décembre.

On se rappelle les colonnes ensevelies dans les régions sahariennes par des tourbillons de sable.

On se rappelle la tempête qui survint à Trafalgar.

Depuis Pharaon, lancé sur la Mer Rouge à

la poursuite des Hébreux, les perturbations atmosphériques ont joué souvent un grand rôle dans les drames de la guerre et on aurait pu souhaiter que ces épreuves fussent entrevues, en miniature, pendant les manœuvres; l'ardeur du soleil, seule, s'est mise de la partie et, pour un peu, on trouverait que c'est la faute de l'état-major.

Mais l'auteur paraît ignorer absolument la cause pour laquelle le départ des troupes avait été fixé à l'avance et uniformément après 7 heures du matin; ce n'était qu'une question de ventre et non de température.

Ce fut un grand capitaine et un profond philosophe, celui qui dit au moyen âge :

De la panse
Vient la danse.

En effet, le soldat qui est à jeun se bat mal; il est bon que le soldat ait eu le temps de préparer et consommer un repas substantiel avant de se mettre en route, sans savoir à quelle heure ni où il pourra se sustenter; cette précaution est indispensable et c'est pour affirmer ce principe d'une manière absolue, que le départ des cantonnements avait été fixé à une heure tardive. On a préféré déroger à ce principe pour éviter aux troupes l'ardeur du soleil ; soit ! mais il n'y a pas lieu d'en faire un reproche à l'état-major de l'armée.

IV

Du Commandement

Ce chapitre de l'auteur ne peut rester sans réponse, parce qu'il est perfide, inexact et blessant. Prendre, pour attirer à soi la faveur de l'opinion publique, l'idée séduisante du rajeunissement des cadres, c'est fort bien; mais pour ne pas avoir l'air de faire de la réclame, il eût fallu indiquer un projet et ne pas se contenter de phrases creuses : *Faites de jeunes généraux, de jeunes colonels.* Tout le monde est de cet avis; mais comment résoudre ce problème ?

Suivons, du reste, l'auteur dans ces étranges théories :

Une fois sur le champ de bataille, le général en chef n'a plus guère qu'à lancer son bâton de commandement dans les lignes ennemies et à dire aux chefs sous ses ordres : « Allez le chercher ! »

C'est, en effet, ainsi que le commandement était compris à l'armée de l'Ouest, mais n'est-ce point vraiment par trop simple et par trop fantaisiste.

Une armée de cent mille hommes, dit l'auteur avec juste raison, n'a point *de tête où puisse paraître, l'épée au poing, le général en chef, comme cela se passait autrefois dans les phalanges ou les légions, et il serait désastreux qu'il perdît son temps à régler le détail*. C'est exact. Par contre, il a le devoir, non seulement d'indiquer les grandes directions à ses commandants de corps d'armée, mais encore de veiller à l'exécution pour prévenir ou réparer les fautes commises. Les manœuvres de l'Est en ont donné la preuve. A la bataille de Beurey, si le commandement dans l'armée de l'Ouest n'était pas resté inactif, comme nous le démontrerons plus loin, le sort de la bataille aurait pu être tout autre.

Le généralissime a, du reste, précisé lui-même, le jour de la bataille de Margerie-Haucourt, comment le haut commandement, planant au-dessus des détails, devait faire sentir son action dirigeante.

Lançant au loin, sur les flancs, ses divisions indépendantes, il se faisait renseigner par elles sur les positions de l'ennemi, ce qui lui permit d'engager, au moment voulu, les réserves qu'il tenait dans la main pour enlever la clef de la position.

Ceci, c'est commander; mais s'en tenir, comme le comprend le chroniqueur de l'armée de l'Ouest, à jeter son bâton de commandement dans les lignes ennemies en disant aux subordonnés : — « *Allez le chercher!* », sans plus rien diriger, alors il n'y a plus besoin de généraux : il suffit d'un parfait notaire puisant ses principes de guerre à l'école du grand-duché de Gérolstein.

C'est en procédant par des sophismes que, dans l'article de la *Revue des Deux-Mondes*, on est parvenu, avec une certaine habileté, à égarer l'opinion de quelques-uns par des conclusions fausses, déduites de principes justes. Il en est souvent ainsi pour la question si grosse du rajeunissement des cadres.

L'auteur déclare tout d'abord que « *le haut commandement a pour devoir de ne point diminuer, par d'inutiles fatigues, la fraîcheur et la lucidité de son cerveau.* » Il rappelle que « Turenne et Maurice de Saxe dirigeaient des batailles du fond d'un carrosse » ; puis il termine ces justes appréciations par des conclusions absolument opposées à ces arguments, en raillant la sénilité de nos généraux.

« *Voyez-les,* dit-il, *ils luttent avec courage*
« *contre la maladie, l'obésité, la fatigue; ils*
« *tiennent encore debout, mais ils comman-*
« *dent à peine...; ils voudraient, ils ne peu-*
« *vent pas...; les deux tiers de ces vétérans sont*
« *des invalides..., et ce n'est pas seulement*
« *que le vieux commandement soit mauvais,*
« *parce que ceux qui l'exercent sont fatigués,*
« *usés, routiniers ou mal instruits, mais il*
« *répand le découragement tout autour de*
« *lui, et l'arbre tout entier souffre de ce*
« *bois mort, qui empêche la jeune sève de*
« *pousser,* etc... »

Nous bornons là ces citations, qui causent un véritable écœurement, parce que ce sont des injures blessantes ne servant en rien à la discussion.

« Faites des généraux de vos jeunes colonels, des colonels de vos jeunes commandants », s'écrie l'auteur. Voilà, certes, une bonne idée, et toute l'armée applaudira à sa mise en pratique; mais comment ne pas sourire en lisant le procédé indiqué :

« Il ne s'agit que d'abaisser la limite d'âge des généraux à cinquante-six ans. »

C'est très simple; seulement, il est bon d'indiquer le résultat qui serait atteint. En comptant le temps légal pour arriver de général de division à commandant d'armée, il faut onze ans. Pour satisfaire aux vacances des divers échelons, il faudrait être nommé divisionnaire à quarante-six ans et général de brigade à quarante ans.

Rien n'est plus séduisant, mais comment ne pas voir que si l'officier général ne disparaît qu'après seize ans, tous les colonels, quoique arrivés jeunes, vieilliront en attendant les places et deviendront *ce bois mort*

3

qui empêche la ferme sève de pousser. Il en sera ainsi pour tous les grades. Et pour les capitaines, en observant les proportions d'âge, la retraite devrait sonner à quarante ans.

Dans ces conditions, quel est le père de famille qui laisserait prendre la carrière militaire à ses enfants, pour les voir sans position à quarante ans, l'âge de la force et de la vigueur?

L'auteur, à l'appui de sa thèse du rajeunissement des hauts commandements, énumère la pléiade des jeunes généraux de la Révolution et de l'Empire : mais ces exemples viennent précisément à l'encontre d'autres considérations qu'il a développées.

Il ne peut exister aucune comparaison entre le temps de paix et le temps de guerre. Après les luttes gigantesques qui se livreront entre les armées modernes, les nations épuisées seront contraintes d'observer un long repos avant de reprendre les armes. La paix sera donc l'état normal, et pendant cette période, le rajeunissement d'un grade amènera toujours le ralentissement de celui qui suit. En temps de guerre les données changent, et puisque la loi le permet, choisissez alors les jeunes qui se seront fait remarquer, car ce sont les événements seuls et non les constitutions qui mettront en relief les sujets prédestinés.

Bonaparte n'eût peut-être pas dépassé le grade de commandant sans la Convention, et il disait lui-même « qu'Achille était né d'un mortel et d'une déesse », pour montrer que les grands capitaines dans les armées sont presque des phénomènes et sont aussi rares que les chefs-d'œuvre dans la nature. Que M. R... se rassure donc et ne se donne pas la peine de discerner les futurs généraux de la future guerre ; il n'y aura pas disette de successeurs ; les événements les feront surgir s'ils venaient à manquer et le système de rajeunissement facultatif qu'il préconise serait autrement dissolvant et dangereux que la règle inflexible d'une limite d'âge, pratiquée aujourd'hui. Comment, par quelles épreuves, à la suite de quels examens, admet-il qu'un Ministre de la Guerre pourrait juger et maintenir, au delà de la limite commune, les généraux qui auraient « gardé une âme jeune dans un corps robuste » ?

Nous pourrions rappeler la carrière de tous les favoris de la victoire nommés par M. R..., il serait facile de démontrer que ce sont les événements qui les ont fait émerger de la masse de leurs pareils, et ce ne sont ni des manœuvres, ni des examens qui les auraient fait distinguer. Or, il n'est au pouvoir d'aucun Ministre de la Guerre, de produire, en temps de paix, ces circonstances, pour avoir une pierre de touche à l'investiture des hauts commandements, et puisque, de toutes les qualités qui ont fait les hommes de guerre, c'est de la trempe du caractère que découlent toutes les autres, on ne peut acquérir cette preuve, ou tout au moins ce pressentiment, que par les données résultant des événements contemporains. C'est encore en scrutant les étapes successives de la carrière de chacun, qu'on acquiert les meilleures garanties, lorsqu'on y trouve les témoignages constants d'une instruction solide, d'un jugement sûr, d'un caractère droit, d'une attitude correcte, de la dignité dans la vie publique et privée et d'une activité physique, correspondante aux devoirs professionnels.

Si M. R... proposait une loi nouvelle sur les cadres et sur l'avancement, certes nous n'y contredirions pas; nous acquiescerions volontiers à un remaniement de tout le système actuel, mais sur d'autres bases et non en nous inspirant de diatribes du genre de celles que nous avons citées, car elles ne contribueront jamais, ni à propager la confiance dans le pays, ni à maintenir la concorde dans l'armée, ni à préparer les semis des « grands vainqueurs » dont l'auteur souhaite avec nous l'avènement.

* * *

Enfin, pour donner plus de poids encore à sa théorie sur le rajeunissement des cadres, l'auteur conseillant d'étudier ce qui se passe au delà des Vosges et d'imiter nos voisins, nous le suivons bien volontiers sur ce terrain pour lui démontrer l'inexactitude de ses renseignements.

Il reconnaît très sagement, que la « Lettre Bleue » du roi de Prusse, qui avisait un officier fatigué ou incapable qu'il était remplacé, aurait des inconvénients dans un pays comme le nôtre, où la « politique » exerce encore des ravages ; mais il rappelle que l'empereur Guillaume, à son avènement, prononça la retraite de quarante généraux.

Il convient tout d'abord de rappeler les circonstances dans lesquelles l'empereur d'Allemagne fut dans l'obligation de mettre à la retraite une quarantaine de généraux, ce qui, en effet, causa à l'époque une certaine émotion ; mais cette mesure ne fut nullement prise dans une intention préconçue de rajeunissement, et l'avancement qui en résulta fut réglé selon la méthode ordinaire qui, en Allemagne, ne permet guère les écarts qui existent chez nous en dehors de tout service de guerre et sans aucun fait exceptionnel.

En vue d'accroître encore la puissance militaire du pays, une loi du 11 février 1888 venait de modifier l'affectation de la réserve dans un sens offensif, en faisant passer dans l'armée d'opérations les divisions de réserve landwehr Ie et les divisions de la réserve territoriale, landwehr IIe; on ne conservait pour troupes d'étapes que le Landsturm et l'Ersatz-réserve qui correspond à peu près à nos dispensés du temps de paix.

Il fallut donc, en vertu de cette loi, donner des chefs actifs à ces nouvelles divisions et remplacer un certain nombre de généraux honoraires, n'exerçant plus, par des généraux nouveaux; de là l'hécatombe signalée par l'auteur.

Nous rappellerons même que les mesures de rajeunissement prises à cette occasion ne s'arrêtèrent pas là : on n'admet pas, en Allemagne, que des officiers de réserve puissent être créés comme par génération spontanée et les cadres de complément sont d'une valeur équivalente à ceux de l'armée active. Or, il fallait donner des cadres à ces nouvelles formations. Le maréchal de Moltke, avec sa prévoyance tenace et pénétrante, avait fait voter, dès le 21 avril 1886, la retraite proportionnelle des officiers, à partir de dix ans de service au lieu de quinze, car il ne suffit pas de multiplier les troupes de combat, il faut surtout, dans la guerre moderne, des cadres solides pour les mener au feu.

Nous aurions voulu trouver, dans l'auteur de la *Revue*, la modestie qui lui eût permis de signaler ces heureuses dispositions, qui le toucheraient peut-être, mais qui sont beaucoup plus importantes pour le commandement de l'armée que l'âge de nos généraux.

Il affirme cependant que « les capitaines « allemands sont vieux, que le rajeunisse- « ment commence au grade de colonel et « qu'en cinq ou dix ans, un officier passe de « capitaine à général ».

Cette allégation est absolument contraire aux documents connus jusqu'ici et si nous nous en rapportons à des données officielles, publiées par l'état-major de l'armée (la Revue militaire de l'étranger), nous trouvons qu'il faut en moyenne dix ans pour passer du grade de commandant au premier échelon du généralat, et non six ans à partir du grade de capitaine, comme le prétend M. R....

En poursuivant cette étude de l'annuaire allemand, nous relevons qu'il faut en moyenne vingt-trois ans pour arriver de second lieutenant à commandant; ces renseignements officiels ne s'accordent guère avec ceux donnés par l'auteur de la Revue.

Enfin, si nous relevons l'âge des commandants de corps d'armée en Allemagne, nous voyons que le dernier, nommé en 1891, le général Von Versen a 58 ans, que le chef d'état-major général de l'armée (général Von Schlieff), promu en 1891, a 59 ans; et que la moyenne d'âge des commandants de corps d'armée est au-dessus de 62 ans. Quant à celle des commandants d'armée, qui tous sont princes ou maréchaux, la moyenne d'âge est entre 59 et 60 ans.

Nous sommes donc obligés de conclure que pas plus au delà qu'en deçà des Vosges, on n'a trouvé le moyen en temps de paix de fabriquer des généraux « avant 52 ans, l'âge où mourut Napoléon ».

Nous n'aurions donc pas « le courage de tenir la cognée », si délibérément offerte par M. R...; nous pensons que les avancements « inespérés aujourd'hui » qu'il demande seraient, comme il le prévoit d'ailleurs, absolument scandaleux; et que l'obéissance comme la considération s'inspire encore plus qu'elle ne s'impose à coups de hache.

V

De l'exécution des manœuvres

Les officiers passés maîtres dans la conduite des troupes se distinguent des professeurs de tactique, en ce qu'ils emploient toujours des formules simples, accessibles à tous, plutôt que des expressions empruntées à la terminologie militaire, qui brouillent toutes les notions et semblent toujours cacher quelque sens cabalistique.

Les premiers font de la tactique sans le vouloir, comme on fait appel au sens commun; les seconds font de la stratégie sans le savoir, par la méthode de l'ahurissement.

Où commencent et finissent la tactique et la stratégie? On a écrit des volumes sur ces abstractions, mais M. R... n'est pas embarrassé et pose cet aphorisme : « La stratégie commande les mouvements et la tactique les exécute. » Nous le voulons bien et en adoptant cette définition restreinte de la stratégie, nous sommes également partisan de « l'initiative stratégique », qui doit être laissée aux chefs d'armée; mais cette initiative n'a jamais été prohibée pendant les dernières manœuvres et nous signalerons même, plus loin, un incident dans lequel cette initiative avait beau jeu pour se déployer et a complètement fait défaut.

Nous voulons seulement vider, ici, une querelle de mots :

Oui, il faut de l'initiative aux troupes, parce que le dressage mécanique de la place d'armes perd forcément sa rigidité dans les opérations en terrain varié ou à la première balle qui siffle; il faut donc profiter des manœuvres pour discipliner cette initiative, sans arriver à la débandade.

Oui, il faut de l'initiative aux commandants de petites unités, parce que plus le feu est meurtrier et plus les troupes sont espacées, plus la communication des ordres devient précaire et moins il faut chercher dans les règlements une recette pour prendre telle ou telle disposition favorable.

Oui, il faut de l'initiative aux chefs de l'ordre le plus élevé, parce que plus dans le combat moderne la crise est impétueuse et soudaine, plus les occasions d'agir sont fugitives et plus il importe de les saisir au vol.

Ces principes sont tellement connus que le généralissime des manœuvres n'a pas jugé à propos de disserter sur la ligne de démarcation à établir entre la tactique et la stratégie, entre l'initiative et l'indépendance; il s'est contenté plus judicieusement d'amener, chaque jour, avec le concours de son chef d'état-major, ses troupes à pied d'œuvre; il a pensé, vraisemblablement, qu'il était inutile de répéter à ses lieutenants le mot de Turenne à ses officiers : « Messieurs, je vous recommande le bon sens. »

Si, comme le dit M. R..., ceux « qui ont travaillé, étudié, médité, qui sont l'élite », se sont contentés de « frémir » sans exhaler « le souffle d'indépendance intellectuelle qui les traverse »; s'ils se sont perdus dans la métaphysique des « qualités stratégiques », s'ils se sont enfermés dans leur vocabulaire, ils ne peuvent s'en prendre qu'à eux-mêmes, et il n'est pas exact de dire que « la grande « représentation théâtrale est restée l'idéal « du Ministère du boulevard Saint-Germain » (lire : État-major de l'armée).

Ces explications étant données, nous allons entrer dans le vif des manœuvres pour examiner la portée des critiques qui ont été dirigées contre les chefs qui y ont participé.

Toutefois, nous serions injustes si nous ne constations que les critiques n'ont pas été sans mélange, car les éloges, également, ont eu leur part et aucun détail n'a échappé à l'œil investigateur de l'écrivain de la *Revue des Deux-Mondes.*

Celui-ci a été content des soldats, « ... la matière première, la troupe : le soldat est admirable » (page 307). Nous remarquerons toutefois qu'un officier de métier, ayant conscience de sa noble mission et pour lequel « dresser » signifie : élever, n'eût pas trouvé cette métaphore hardie « la matière première » pour désigner ses soldats.

« L'organisation des fours roulants de « boulangerie a été particulièrement remar- « quable » (page 296).

« Les journalistes militaires, français et « étrangers, se trouvaient près de nous » (page 298).

« L'organisation des communications par « terre, sur l'eau et dans l'air a parlé haut » (surtout en l'air) « à l'imagination du public... » (page 312).

« Le lancement d'un pont métallique a « réussi à merveille » (page 313), mais non sans raviver la querelle éternelle entre artilleurs et ingénieurs au sujet de la possession des pontonniers par le génie, que M. R... juge de suite être un « contresens fâcheux » (page 313).

Le service des chemins de fer amena sur le réseau de l'Est plus de 100,000 voyageurs civils et « la marche des trains n'a été dérangée par « aucun accident » (page 315). Cette particularité est digne d'être notée.

Enfin, un commandant d'armée « a pu « rester près de trois heures dans un bal-

« lon, donnant par téléphone tous ses ordres » (page 314).

Nous ne pouvons que nous associer à ces hautes observations qui ne sont pas dépourvues d'un certain intérêt, et, ces hors-d'œuvre ayant été ainsi présentés aux lecteurs, nous nous proposons de citer, pour y répondre, les phrases critiques de l'écrivain de la *Revue*, sur les manœuvres proprement dites.

***

Nous lisons tout d'abord :

« La cavalerie appelle de sévères critiques ;
« il faut avoir le courage de dire les choses
« telles qu'elles sont. »

Certes oui, il faut dire la vérité, mais il est singulier que l'opinion émise soit en complète contradiction avec les faits et avec le jugement porté par le généralissime, qui, étant au-dessus de tous, a seul qualité pour arbitrer.

A des phrases perfides, nous répondrons, non par des insinuations visant des personnes, mais par des documents officiels, irréfutables et nous suivrons pas à pas la relation des journées où le rôle joué par la cavalerie est blâmé ; nous parlerons, en outre, de la journée de Beurey-Vandœuvre, qui est passée sous silence..... et pour cause !

Avant le combat de Lignol-Colombey, les deux divisions de cavalerie étaient distantes de 30 à 35 kilomètres environ. Précédant respectivement leur armée pour en couvrir les mouvements, la rencontre des deux cavaleries était certaine dans la journée du 5 et probable dans la direction de Biernes ; aussi le général Saussier s'était-il avancé sur les hauteurs qui avoisinent ce point, pour suivre avec son état-major les péripéties du combat présumé. A 9 heures 1/2, les divisions se déployaient avec rapidité et étaient conduites à l'attaque, appuyées par le feu de leur artillerie.

Le général directeur fit alors sonner la fin de la manœuvre et réunit les généraux pour donner son arbitrage.

Après avoir relevé quelques fautes de détail dans chaque division, s'adressant au chef de la 5e, il fit remarquer que la protection des colonnes d'infanterie avait été très bien assurée par la cavalerie, postée à *Colombey* et que, dans la marche du combat, on s'était défilé, autant que possible, du feu de l'artillerie ennemie. Approuvant celle-ci pour la position formidable qu'elle avait prise sur les hauteurs d'Harricourt, il adressa des éloges pour la régularité et la vitesse avec laquelle la 1re division avait exécuté son mouvement tournant.

Bref, le général directeur déclara être très satisfait du magnifique spectacle donné par les deux divisions marchant à l'attaque, et vu le parcours assez considérable qui avait été exécuté, il prescrivit, pour ménager les chevaux, de cesser toute opération et de rentrer directement au cantonnement.

De ces éloges officiels, il n'en est pas question de la part du chroniqueur de l'armée de l'Ouest, qui, au contraire, pousse à fond son attaque par les lignes suivantes :

« Après le premier choc, la 1re division

« avait disparu, laissant les 5e et 6e corps
« complètement à découvert, c'est-à-dire à
« la merci de toutes les entreprises que la
« 5e division de cavalerie pouvait tenter sur
« eux et dont l'idée, d'ailleurs, ne lui est
« même pas venue. »

A quel mobile a pu céder l'auteur en écrivant ces lignes, car il ne pouvait ignorer l'ordre contraire, inscrit sur les journaux de marche des corps et donné par le généralissime de « tout cesser pour rentrer au cantonnement ». L'auteur cherchait-il une occasion de placer, dans les lignes qui suivent, quelques-unes des rengaines qui traînent dans tous les cours de cavalerie de l'école de guerre.

« Avant le combat, la cavalerie est *l'œil*
« de l'armée... Après le combat, la cava-
« lerie est le *rideau* de l'armée ; le rideau n'a
« rien protégé, parce qu'il n'a même pas été
« tiré. »

C'est par ordre supérieur, répéterons-nous, que ce rideau n'a pas été tiré et la cavalerie, dans cette journée, se trouve en présence de deux versions : Éloges du général directeur, — blâme de l'officier territorial de l'armée de l'Ouest. La cavalerie n'aura pas de peine à opter entre les deux.

Nous continuons notre enquête et, pour éclairer les jugements, nous devons faire remarquer que, pendant les grandes manœuvres de l'Est, la cavalerie n'a guère eu à jouer un rôle important dans le combat que pendant quatre journées, les exercices des autres journées n'ayant compris que des marches avec exploration.

La journée du 7 septembre mérite d'être signalée, sous ce dernier rapport, car elle a donné lieu à des enseignements très utiles sur la force de résistance de notre cavalerie, et il importe de ne pas laisser sans réponse des critiques erronées *sur les vitesses, les longues marches au pas, les blessures par la selle,* critiques qui constitueraient, pour les officiers, les idées les plus fausses sur le maniement de l'arme dans les grands parcours.

« Pas un *raid* digne de ce nom » n'a été fourni ! dit l'auteur.

Nous craignons que celui-ci soit peu fixé sur la signification du terme « raid ».

Un raid est une entreprise légère, fournie par des partis isolés et peu nombreux, opérant par surprise pour détruire des ouvrages d'art, s'emparer d'approvisionnements, couper des convois, intercepter des communications, etc... Était-ce le cas dans les manœuvres de l'Est, dont le service de l'arrière n'avait pas été organisé comme il le serait en campagne ?

Il n'y avait donc pas lieu d'entreprendre des raids. Mais si l'auteur désire voir un exemple de marche forcée d'une division entière, nous sommes en mesure de lui en servir la description.

Marche forcée de la 1re division.

Nous suivrons la 1re division qui fit, dans cette journée du 7, une marche forcée de 92 kilomètres pour les 6 régiments de cavalerie marchant ensemble, avec les trois batteries d'artillerie et, en moyenne, de 118 kilomètres pour les officiers et leur escorte, chargés du service extérieur.

Cette division avait été mise pour deux

journées à la disposition du général commandant le 6e corps, avec mission d'éclairer et de couvrir la gauche de ce corps, en repoussant la cavalerie ennemie.

Le gros des troupes de cavalerie devant se mettre en mouvement à 5 heures, le service d'exploration fut lancé à 4 heures du matin, pour renseigner à temps sur les obstacles qui pourraient se présenter.

Vers huit heures, le commandant de la division était prévenu par ses coureurs qu'un régiment de cavalerie ennemi occupait Leschères. Une brigade fut lancée pour déloger son adversaire, qui, forcé de se retirer devant des forces doubles, dut gagner les crêtes, suivi de près par la brigade; celle-ci cessa sa poursuite sur les hauteurs de la rive droite du Blaiseron.

Un régiment de chasseurs fut repoussé de même d'Ambouville par une brigade de la 1re division, et, successivement ainsi, l'adversaire fut forcé de se replier à la suite des charges exécutées par les régiments et les brigades de la 1re division. A 10 heures, au moment où les colonnes de l'armée opposée prononçaient leur attaque, les trois batteries de la 1re division ouvrirent le feu sur elles et achevèrent de donner satisfaction à l'ordre du commandant du 6e corps, qui, lui-même, approuva hautement le rôle rempli par la 1re division.

Plusieurs charges furent encore exécutées par cette division contre des partis d'infanterie, pour tenter de maintenir l'occupation de la rive gauche de la Blaise; mais vers 2 heures, devant les forces considérables de l'infanterie qui occupaient les bois, la cavalerie dut céder le terrain et repasser le cours d'eau. A ce moment la manœuvre prit fin.

Il résulte de cette description que, à deux heures, 40 à 45 kilomètres avaient été parcourus et six ou huit charges avaient été exécutées; 50 kilomètres restaient encore à parcourir pour rentrer au cantonnement. Cette longue retraite n'était pas désirée, évidemment, mais c'est à tort qu'on a imputé la fatigue de cet inutile parcours comme une faute commise par l'état-major général, car si celui-ci connaît le point de départ d'une division indépendante, il ne peut savoir où elle sera conduite par le déroulement des phases de la manœuvre, si son chef est amené, ainsi que cela est arrivé, à tenter un grand mouvement tournant pour prendre l'ennemi à revers.

En résumé :

Dans cette journée, les cavaliers sont restés 16 heures et demie en selle.

Dans la journée du 8 : 12 heures.

Dans la journée du 9 : 14 heures et onze charges ont été fournies.

Total : 241 kilomètres en 3 jours.

Et au lieu de parler de ces manœuvres prouvant une puissance qui n'a pas encore été dépassée à l'étranger, le chroniqueur de l'armée de l'Ouest, les passant sous silence, se contente de lancer des critiques sur les longues marches au pas, sur le nombre de chevaux blessés, etc....; nous allons voir ce qu'il en est :

« Tous ces beaux escadrons, rongeant « leur frein, n'ont fait qu'épuiser leurs che- « vaux dans des marches inutiles, le plus « souvent au pas. »

Eh oui ! Le pas est l'allure habituelle de la cavalerie en campagne, marchant en troupe et chargée de son paquetage ; cela peut étonner un jeune et fougueux cavalier qui n'a jamais commandé une troupe, mais il en est ainsi.

Tous les hommes de cheval admettent, et cela a été confirmé dans un livre paru en 1891, que le pas est l'allure permettant, avec le moins de fatigue, les plus longs parcours. Des expériences faites ont démontré que le cheval de troupe, ayant peu de sang, peut encore aller longtemps au pas, au delà de 80 kilomètres, sans que les articulations souffrent. Si, au contraire, on veut trotter ou galoper, les efforts de boulet se multiplient ; c'est pourquoi la cavalerie en troupe, avec son paquetage, ne trotte qu'en cas de nécessité et ne galope que pour charger, en dehors des missions isolées, confiées à des groupes légers de partisans.

Ordre fut donc donné, nous le confirmons, de rentrer toujours au pas dans les cantonnements, quelle que fût la distance et de conserver cette allure pendant les manœuvres toutes les fois qu'il serait possible.

Tous les chefs de corps affirmeront que, grâce à cette prudence et malgré l'extrême fatigue des chevaux, les membres restaient nets et que le corps seul perdait et maigrissait.

Quant au nombre des chevaux blessés (chiffre que l'on a exagéré à plaisir), il importe aussi de préciser cette question pour fixer l'opinion publique.

Dans des routes ou dans les manœuvres habituelles, une troupe de cavalerie, bien menée, doit arriver au but, avec un très petit nombre de chevaux touchés par la selle. Mais ce qu'il faut se dire, sans illusion, c'est que lorsque, après des fatigues excessives, le cheval a maigri au delà des prévisions, il peut se blesser, même avec une selle anglaise. Un malade, couché pendant plusieurs mois, même sur un lit de plume, finit par se blesser quand il a beaucoup maigri. Comment penser alors que l'animal, portant un poids énorme, ne subira pas le même sort?

Cela veut-il dire qu'il ne peut plus servir? Nullement. En campagne, même blessé, l'animal peut encore servir longtemps. Dans la campagne de Tunisie, les 600 chevaux appartenant aux goumiers étaient arrivés en grand nombre blessés. On peut dire que tous le furent quand la ration eût été diminuée, mais l'animal marchait quand même et c'est cette manière qu'il faut adopter pour le temps de guerre, sauf à initier le cavalier aux soins particuliers qu'il doit à sa monture lorsque le dos est blessé.

Mais, en temps de paix, peu sincère serait le chef de cavalerie qui, pour éviter quelque critique, voudrait faire croire, qu'après 241 kilomètres parcourus en 3 jours entrecoupés de marches au trot et au galop et d'une série de charges, sa troupe n'a que peu de chevaux blessés, en continuant à les faire monter tous indistinctement, tandis qu'avec quelques jours de repos, au moment voulu, l'animal serait remis.

Oui, nous le déclarons tout net, beaucoup de blessures légères se sont produites, surtout dans la brigade de cuirassiers à la suite d'une marche forcée, émaillée de char[illegible] nombreuses ; mais, après quelques jours [illegible] repos, ces blessures étaient guéries et [illegible] preuve en fut donnée à la revue finale, où [illegible] effectifs étaient complets et plus tard, dès [illegible] retour à la garnison, où, à l'occasion de [illegible] cérémonie de translation des cendres de l'i[illegible] lustre général Lassalle, le brillant aspect d[illegible] troupes de cavalerie fit dire aux généra[illegible] présents : On prétendait cette division fati[illegible] guée, l'état des chevaux est cependant excel[illegible] lent.

Il est bien entendu que nous ne prétendon[illegible] pas que le harnachement de la cavalerie so[illegible] parfait, mais c'est encore à une influence [illegible] néfaste qu'on peut faire remonter les es[illegible] malheureux qui, au lieu d'alléger, ont alou[illegible] au lieu d'augmenter la stabilité, ont désé[illegible] bré. N'est-ce pas en 1884 qu'a été créé le m[illegible] dèle de selles inutilisables qui encombr[illegible] aujourd'hui les magasins et que les colon[illegible] s'efforcent de classer au service de la rése[illegible] afin de ne pas être dans l'obligation de s'[illegible] servir ?

La troisième journée, de grande fatig[illegible]

pour la cavalerie est passée sous silence, sans doute parce qu'elle lui valut de grands éloges pour les services rendus à l'armée de l'Ouest; nous allons en esquisser la relation.

Le journal *le Temps* ayant donné l'exposé des fautes commises, nous le suivrons pour les renseignements à prendre :

« Ainsi, à Beurey (cette bataille prise « comme type par M. R...), le commandant « de l'armée de l'Ouest était-il lié? Est-ce « par ordre qu'il s'est *cramponné* à ses posi- « tions au lieu de profiter du retard du « 8e corps? L'attaque du 7e corps contre Nui- « sement était fort aventurée, le 8e corps « n'était point encore en ligne vers onze « heures du matin; au lieu de rester der- « rière le ru du Puits, le commandant de « l'armée de l'Ouest aurait pu prendre le « 7e corps sur son flanc gauche, le rejeter « au delà du ru de Crébenard, puis, orga- « nisant fortement les lignes de Nuisement- « Montmartin contre un retour offensif, se « jeter sur le 8e corps qui tardait à entrer en « ligne. S'il ne l'a pas fait, ce n'est point « parce qu'il avait les mains liées, c'est parce « qu'il craignait une attaque par le Nord; il

« a dégarni en partie, pour s'y opposer, les « hauteurs de Beurey.

« Et l'imprévu s'est alors manifesté : le « 8e corps a pu arriver devant la position « ainsi dégarnie, avant que la division de « Nancy, mandée en toute hâte, ait eu le « temps d'entrer en ligne, etc... »

Il a donc été visible, pour tous les assistants, que le commandant de l'armée de l'Ouest a été absolument démonté par l'habile manœuvre du commandant de l'armée de l'Est. Il avait dans sa main tous les atouts pour écraser successivement les deux corps ennemis, l'opération à faire sautait aux yeux de tous, on l'attendait avec anxiété ; mais le sang-froid et le coup d'œil ayant manqué, les réserves ne purent arriver à temps pour s'opposer au mouvement enveloppant du 8e corps. Ce fut alors un appel désespéré à la cavalerie, qui fut chargée de réparer les graves erreurs commises par le parti auquel elle appartenait.

Voici quel fut son rôle dans cette journée.

Les coureurs ayant signalé une troupe de cavalerie ennemie, la 1re division se porta rapidement dans la direction *d'Eguilly;* l'artillerie de la division face à ce village, à l'ouest de la route de Beurey.

Vers dix heures, l'infanterie se présentant dans la direction de la Grange-aux-Bois, l'artillerie à cheval change de front et ouvre le feu sur elle, tandis que la cavalerie se porte en arrière pour s'abriter derrière un pli de terrain, en guettant l'occasion d'agir et laissant à son artillerie le temps de produire des effets efficaces.

L'emploi de la cavalerie indépendante ayant eu lieu pendant toute la bataille, sous les yeux du haut commandement qui suivait les différentes phases de la lutte, nous n'entrerons pas dans le détail et nous nous contenterons de dire que six charges avaient déjà été exécutées sur de très grands parcours, lorsque le commandant de l'armée de l'Ouest, ne sachant plus à quel saint se vouer, fit dire que, malgré la fatigue des chevaux, il fallait charger encore, coûte que coûte (*sic*). Alors, sans hésiter et quoique la limite des forces des chevaux eût été déjà dépassée (241 kilomètres en 3 jours), cette cavalerie chargea encore deux fois pour prendre à dos le 8e corps et sauver l'armée de l'Ouest.

Cette cavalerie a donné ainsi une preuve évidente de son dévouement, car, le soir, son chef fut appelé par le généralissime, qui le félicita ainsi que ses troupes, pour la vigueur et l'entrain déployés.

Néanmoins, on oubliait, à l'état-major de l'armée de l'Ouest le service qui lui avait été rendu et auquel elle devait son salut : on publiait, au contraire, que la cavalerie avait été ruinée comme à plaisir, et que, s'il y avait des généraux qui savaient fatiguer les troupes sans les employer, on en connaissait d'autres qui, *jadis*, savaient les employer sans les fatiguer.

La cavalerie s'est encore signalée dans d'autres opérations :

A Margerie-Haucourt, le 14 septembre, pour la première fois en terrain varié, des masses de cavalerie sont réunies — 14 régiments — appuyés par 6 batteries d'artillerie, forment un corps placé sous les ordres d'un même chef.

L'ordre reçu était d'opérer sur la rive droite

du *Puits*, de chasser la cavalerie de l'adversaire et de contribuer au mouvement enveloppant dirigé contre son aile droite.

Selon le dire du chroniqueur « la cavalerie « s'est contentée de charger vers 9 heures du « matin, les escadrons ennemis et quand le « 5ᵉ corps s'est avancé pour prendre l'enne- « mi en flanc, les divisions indépendantes « ne lui ont prêté aucun appui ; personne au « monde ne savait plus où elles étaient ».

A cette étrange manière d'écrire l'histoire, à ce parti pris d'amoindrir la cavalerie, nous répondrons non par des opinions personnelles, mais par celle du généralissime, seul au courant des ordres qu'il avait donnés et ayant seul le droit d'arbitrer.

Dès le soir du 14, il écrivait au général commandant le corps de cavalerie qu'il avait été très satisfait de ses divisions et de la manière dont il les avait commandées.

Puis, de vive voix, le lendemain, lui répétant publiquement ses éloges, il ajouta que le service d'exploration avait été très bien exécuté, puisque, manquant absolument de nouvelles, attendues de l'armée de l'Ouest, il n'avait été renseigné que par les dépêches envoyées fréquemment par les divisions indépendantes et que l'emploi de ses réserves avait été basé sur la justesse du service d'exploration des divisions de cavalerie.

N'est-il pas intéressant, pour l'édification des lecteurs, de mettre en regard de ce témoignage officiel, la phrase suivante où l'auteur de la *Revue* s'efforce de mettre toute son ironie? : « Et ainsi de suite..... pour « laquelle on avait prévu encore *avec infini-* « *ment de sagacité* que la cavalerie indépen- « dante *renseignerait inexactement*, etc...» « Et personne au monde, dit encore le « chroniqueur, ne savait où elles étaient! » Nous le demandons ; franchement, est-il permis d'écrire aussi légèrement de pareilles inexactitudes?

On sentait, dit-il encore, que la cavalerie n'était pas commandée... selon vos idées, oubliez-vous d'ajouter, et c'est vraiment trop montrer le bout de l'oreille.

Oh! certes non, nous n'en voulons plus de vos vieilles méthodes et de vos pratiques surannées. Dans plusieurs écrits on en a déjà fait bonne justice, il y a quelques années.

Vous annonçant comme des apôtres précédant le Maître, qui apportait la lumière, vous prétendiez autrefois qu'en dehors de votre Eglise il n'y avait pas de salut. Vous étiez, disiez-vous, les pionniers de l'avenir, marchant sur la routine et inaugurant l'ère moderne du progrès. Alors, tenté par le charme de l'inconnu, pendant dix ans on vous a tout livré, tout laissé faire, et, sans murmurer, on a obéi. Tous les essais, toutes les fantaisies, tous les caprices ont eu libre cours : tantôt on baissait la taille des cavaliers, puis on la relevait ; on modifiait tour à tour les dispositions du paquetage en mettant derrière ce qui était devant, à droite ce qui était à gauche ; on substituait au gant blanc d'uniforme des gants jaunes, puis rouges, puis de couleur facultative ; aux cuirassiers on enlevait la cuirasse pour la leur rendre peu après : on détrempait les lames de sabre pour les raccourcir ; on inventait une épée qui n'était pas maniable ; on créait des dragons-lanciers, habillés en hussards, avec un casque romain, etc... Tourmenté par une idée subite d'entraînement, on ordonnait aux troupes, convoquées pour les petites parades annuelles du camp de Châlons, des marches de 45 à 50 kilomètres, dont la vitesse avait été réglée d'une façon si étrange, que, dès le commencement des manœuvres, il n'y avait plus de chevaux au second rang, tant les indisponibles étaient considérables.

En 1882, on fit paraître un règlement nouveau, n'ayant d'autre but que de démarquer son prédécesseur au moyen de quelques principes faux jetés par-ci, par-là, faisant suite à une sorte de congrès qui avait réuni à grand fracas, à Tours, tous les généraux de l'arme.

Mais, qu'apprend-on plus tard ? C'est que les principes dits nouveaux et annoncés comme un progrès remontaient à l'an 886, que la tactique de la cavalerie reculait de dix siècles, et que ces règlements imposés étaient absolument insuffisants pour satisfaire aux exigences actuelles.

Et vous voulez aujourd'hui reprendre clandestinement un pouvoir usurpé pendant trop longtemps ! Ne reculant devant rien pour attaquer ceux qui n'ont pas été des complaisants, on voit trop au frontispice de votre clocher : « École du camp de Châlons ».

Eh bien, la cavalerie n'en veut plus de cette école, parce que les principes qu'on y a donnés depuis dix ans ont faussé les idées au point de vue de l'exploration, du combat et des opérations en liaison avec les autres armes.

N'est-il pas étrange de voir encore, qu'en fait d'exploration, un règlement non encore abrogé maintient la dissémination en éventail des patrouilles de découverte sur un front de 40 à 45 kilomètres, en les faisant commander le plus souvent par un brigadier? Le service réduit à trois ans donne à peine le temps de dégrossir l'instruction, et cette mission si capitale de l'exploration, c'est à de simples brigadiers que vous la confiez, quand une fausse nouvelle ou même un renseignement incomplet peut amener la perte des troupes qui suivent.

Si même vous laissiez un peu d'expansion à l'initiative, ces faiblesses pourraient s'atténuer, mais chose étrange, bien faite pour frapper les esprits, vous blâmez le grand état-major de ne pas avoir laissé assez d'initiative dans les dernières manœuvres, et dans un accès de lyrisme, vous vous écriez :

« Le grand vice de l'armée française a été, « pendant longtemps et jusque dans les plus « cruelles épreuves, l'absence d'initiative « chez les chefs d'unités constituées ; alors « même que les circonstances les plus « imprévues lui ordonnaient de s'exercer, « l'initiative refusait d'agir. »

Rien n'est plus vrai, mais n'est-il pas singulier que vous adressiez ces reproches aux autres, tandis que, dans votre propre camp, défense fut faite à un chef de ces « unités constituées » d'appliquer aucune idée nouvelle, et il est de notoriété publique que, par discipline, quoique sans conviction, cet ordre fut exécuté à la lettre.

Vous recommandez cette initiative quand vous devez en profiter, mais vous la défendez à autrui, empêchant ainsi tout progrès de se produire, parce que d'autres procédés prouveraient l'erreur qui a été commise en annihilant, comme on l'a fait, tous les généraux de cavalerie.

Si le système d'exploration est d'une faiblesse lamentable, que dire alors des idées de la même école sur le combat ?

« Une division de cavalerie, est-il écrit, au « contraire d'une division d'infanterie, est, « en effet, un tout qui reste toujours *un*, qui « ne se disperse pas, qui ne saurait agir par « pièces et morceaux : c'est le bloc par excel- « lence.... »

Tel est aussi notre avis, mais il vous échappe que vous jetez par terre tout ce code que vous déclariez admirable et vous soutenez ainsi inconsciemment les principes que l'école moderne oppose à celle du camp de Châlons, qui est vôtre.

Si cette faiblesse n'existait que dans le combat de cavalerie contre cavalerie, l'inquiétude pourrait se calmer, parce que la *furia francese* saura bien, au jour du danger, reprendre ses droits ; mais, comment comprendre que, depuis dix années, on se soit contenté de préparer les divisions au simple rôle de cavalerie contre cavalerie, sans distinguer que ce n'est qu'un prologue et que sa puissance de combat est sans limite quand on sait l'employer avec les autres armes?

Dans quel règlement, dans quelle grande manœuvre de cavalerie a-t-on jamais posé des principes, ce qui laisse la masse des officiers dans l'ignorance de ce maniement si délicat ? La portée de ce maniement est tellement ignorée et on est si habitué à ne voir l'emploi de l'arme que dans le duel des deux cavaleries adverses, que si ce spectacle manque, on entend dire par le chroniqueur de l'armée de l'Ouest : « *On n'a rien demandé à la cavalerie d'un bout à l'autre des manœuvres de l'Est* » et à *Margerie-Haucourt, après la rencontre des deux cavaleries*, « personne au monde ne savait où elle était ».

A l'état-major de l'armée de l'Ouest cela est naturel puisque ce rôle extérieur y est inconnu, mais demandez au grand état-major s'il partage cette opinion?

Les détracteurs systématiques de la cavalerie se sont enferrés eux-mêmes en méconnaissant dans leurs critiques acerbes tout sentiment de justice, car ils ne se sont pas aperçus qu'en dénonçant comme mauvais, insuffisant, mal emmanché, l'outil que représente la cavalerie, ils faisaient leur procès et se nuisaient à eux-mêmes, et rien qu'à eux, puisque cet outil a été créé de toutes pièces par leurs propres mains, à l'aide de leur omnipotence absolue, à l'exclusion de tous ceux dont la collaboration portait une marque quelconque d'indépendance ou dont le caractère ne se prêtait pas aux moyens de corruption qu'ils détenaient.

Cependant cet outil, quoique détraqué encore tout nouvellement par des suppressions de cadres, est resté, malgré eux, capable de fonctionner convenablement et de se perfectionner dans des mains expérimentées ; la cavalerie envisage aujourd'hui une autre action que celle de marteau-pilon qu'elle n'a fait que répéter à satiété, d'une façon automatique et dont le premier venu pouvait jouer dans l'arène unie et verdoyante du camp de Châlons.

Cette discussion d'école pourrait paraître odieuse, si elle ne portait en elle un enseignement et si elle ne poursuivait pas un but précis, celui de signaler l'aurore d'une ère nouvelle.

Déjà, il y a quelques années, le général Février, ex-commandant du 6e corps, avait donné à ses troupes les critiques suivantes :

« La cavalerie évolue très bien, l'entrain « est parfait. Cependant, quand elle opère « contre les autres armes, l'infanterie sur« tout, on s'aperçoit bien vite qu'une grande « lacune existe dans son instruction prati« que ; elle n'est pas exercée à les combattre.

« Les erreurs et les inconséquences que « nous avons signalées au cours de cette « étude et qui se reproduisent presque tou« jours proviennent de deux causes princi« pales :

« 1° Oubli de la puissance destructive des « armes de jet modernes ;

« 2° Excès des qualités cavalières qui nuit « au calme et à la prudence.

« La cavalerie ne doit jamais opérer contre « l'infanterie comme elle le fait contre la ca« valerie et on comprend très bien que ce « qui est une qualité dans un cas peut deve« nir dans l'autre un défaut capital.

« L'instrument est excellent, mais il ne « faut pas toujours le faire jouer dans la « même clef; il est même indispensable qu'on

« l'habitue à en changer, si on veut qu'il fasse « brillamment et utilement sa partie dans « l'ensemble. »

Il appartenait au généralissime, avec sa longue habitude de la guerre et sa grande entente du maniement des trois armes, de reconnaître la voie féconde qui s'ouvrait devant la cavalerie quand elle comprendrait le jeu de son action combinée avec l'infanterie et l'artillerie.

C'est dans ce but qu'après avoir pris le commandement comme généralissime, il voulut se rendre compte de l'emploi d'un corps de cavalerie agissant à grande envergure sur les flancs de l'armée.

Ce rôle, qui n'avait jamais été mis en action dans de pareilles proportions par la cavalerie, a reçu son application dans les manœuvres de l'Est, et comme il ouvre à cette arme une horizon sans limite, en lui permettant une action incessante, avant, pendant et après le combat, nous le résumerons en quelques mots.

Pour que la cavalerie se maintienne à

hauteur des progrès modernes, quels peuvent être ses moyens d'action ?

Le cheval. — L'arme blanche. — Les armes à feu.

Le cheval et l'arme blanche sont peu susceptibles d'améliorations, car le fond et la vitesse du cheval de troupe ne dépassent pas actuellement ceux que l'on constatait sous le premier Empire.

Dès lors, s'en tenir au combat de cavalerie contre cavalerie, comme on le fait depuis dix ans, c'est piétiner sur place sans avancer.

Si, au contraire, on jette un coup d'œil sur l'infanterie, l'artillerie, le génie et même la marine, l'imagination est frappée par leurs progrès sans limite.

La cavalerie, seule entre toutes les armes, veut-elle donc échapper à cette évolution en se contentant des coups d'estoc et de taille, comme aux beaux jours de la chevalerie ? Va-t-elle se résigner à s'éloigner de plus en plus du champ de bataille, puisque la longue portée des armes à feu oblige, dans l'attaque, à commencer de plus loin les allures vives et diminue les chances de réussite de la charge, dont la puissance consiste dans la force acquise au moment du choc.

Et si les armes de précision viennent à se perfectionner encore, la cavalerie acceptera-t-elle de voir diminuer de plus en plus son importance et son prestige ?

Si la cavalerie, au contraire, sait ajouter à la puissance du cheval l'appoint qu'elle doit trouver dans l'adjonction du fusil et du canon, alors, son horizon s'élargit ; elle n'a plus à craindre d'être distancée, puisqu'elle est à même de suivre pas à pas les progrès des autres.

Le cheval, l'arme à feu et l'appui de l'artillerie, voici quels doivent être ses éléments de force. Se contenter du premier sans mettre en jeu les deux autres, c'est se résigner à des résultats douteux et renoncer à la plus grande partie de ses avantages. Or, la guerre moderne impose à la cavalerie, sous peine d'immobilité ou de déchéance, de mettre en jeu tous ses rouages et tous ses moyens d'action.

Avec l'utilisation de ces trois forces, le rôle de la cavalerie est incessant. Avant le combat, pour se porter au loin à cheval avec ses batteries et tenir ensuite les positions par le combat à pied; pendant la bataille, ou pour couper la retraite, en se portant sur le flanc et en arrière de l'armée ennemie, en s'avançant de position en position avec son artillerie. Dans le combat contre l'infanterie, c'est le duel du canon contre le fusil, duel où on ne risque ni hommes ni chevaux, puisque l'on attelle les pièces quand l'infanterie se rapproche et on va sur un point en dehors du feu recommencer le même jeu.

A la bataille de Margerie-Haucourt, c'est dans ce sens que le haut commandement avait donné ses ordres. Pour atteindre ce but, 14 régiments de cavalerie et 6 batteries avaient été réunis dans la même main et avec raison, car, pour jouer ce rôle à coup sûr, une masse de cavalerie est indispensable.

En effet, si pendant le duel avec l'infanterie ennemie, la cavalerie n'est que soutien de son artillerie et peut faire mettre pied à terre à ses cavaliers en dehors du feu, pour reposer les chevaux, par contre, il faut qu'elle soit assez puissante pour dire à l'adversaire : « Vous ne toucherez pas à mes pièces. »

C'est ce qui s'est produit à Margerie. La cavalerie adverse, forte de 12 régiments, est venue à l'attaque.

Repoussée, elle dut se replier, mais plus tard, elle revint au combat, et si elle n'avait pas trouvé pour répondre un corps de cavalerie, l'artillerie était enlevée et les escadrons dispersés.

Ces principes, jamais encore ils n'ont été donnés dans aucun règlement, ni dans aucun camp d'instruction, et cependant cette combinaison du cheval, du fusil et du canon, c'est tout l'avenir de l'arme.

L'ancienne école a été tellement surprise par ce jeu inconnu pour elle, que, ne voyant plus la cavalerie qui opérait au loin, elle s'est écrtée : « A Margerie, *personne au monde ne savait où elle était.* »

Eh bien, demandez au généralissime : il vous dira si, oui ou non, elle a bien rempli la mission qui lui était confiée, et si, oui ou non, le soir il a adressé des éloges à ses chefs!

Pour terminer nous répondrons à une pensée finale de l'auteur qui soulève discrètement le voile de l'avenir en laissant entrevoir une certaine préoccupation.

« Où, dit-il, se dérouleront les drames « grandioses et sanglants de la prochaine « guerre? Si l'offensive diplomatique appar- « tient à notre adversaire, le temps matériel « nous sera-t-il laissé pour prendre l'offen- « sive militaire? Si l'offensive nous échappe, « sur quel point serons-nous attaqués? »

Hélas! ces points d'interrogation ne sont pas aussi douteux que l'auteur paraît le supposer.

Pourquoi nos voisins auraient-ils porté leurs quais de débarquement sur une longue zone transversale de 18 à 20 kilomètres de la frontière et à deux étapes de Nancy et Lunéville? Pourquoi nos voisins auraient-ils rehaussé constamment leurs effectifs sur une profondeur moyenne de 10 lieues, parallèle à la frontière, si ce n'était pour avoir une masse considérable toujours prête à se rassembler sur un point quelconque de leur front de débarquement?

Voilà de justes remarques et de patriotiques observations. N'eût-il pas été plus sage pour l'auteur d'employer son talent de publiciste en signalant tous les faits de ce genre donnant matière à d'amères comparaisons, au lieu de se faire l'écho d'une coterie qui a trompé sa bonne foi en lui montrant comme réalité des mirages perfides et trompeurs?

CONCLUSION

Nous terminerons là notre réponse à des critiques lancées par un habile écrivain et, si nous n'avons pu nous élever à la hauteur de son style, nous avons, du moins, conscience d'avoir fait une œuvre honnête et saine, en nous efforçant de rétablir la vérité.

Loin de nous la pensée d'avoir cherché à ouvrir une polémique sur des personnalités, mais nous le demandons à tous : quand le cœur est révolté par l'injustice, doit-on courber la tête en laissant passer l'orage, ou protester avec énergie contre des allusions blessantes pour les sommités de l'armée?

Nous avons estimé qu'il était plus digne de ne point laisser sans réplique des critiques très vives adressées sans raison à notre grand état-major et contre une arme tout entière qui, malgré les causes de désorganisation qui l'ont systématiquement envahie depuis dix ans, a conservé son âme et avait surmonté, précisément à l'occasion des dernières manœuvres, les plus grandes difficultés pour figurer dignement dans les épreuves qu'elle a subies.

Dans sa conclusion finale, l'auteur énonce : « *Comptez et pesez votre responsabilité* ».

A notre tour, nous lui disons :

Quand les grandes manœuvres furent terminées, à la suite des éloges donnés par le généralissime, les officiers comme les soldats, la cavalerie comme les autres armes, tous étaient revenus joyeux, fiers, la tête haute, pleins de confiance, et avec la satisfaction du devoir accompli.

Les étrangers eux-mêmes étaient rentrés chez eux étonnés, pensifs et recueillis en face du spectacle grandiose prouvant la puissance de notre armée moderne, son esprit de discipline, son endurance à la fatigue et l'union qui régnait entre les diverses armes.

Tout à coup, au milieu du calme des

esprits et d'un ciel sans nuages, un coup de foudre éclate et une plume française, se plaisant à diminuer notre prestige près des nations voisines, vient briser toutes nos illusions et flétrir toutes nos espérances.

Si on l'écoutait, que resterait-il du commandement ?

Sur quatre commandants de corps d'armée, trois d'entre eux subissent des critiques amères dans les différents combats, et nous savons tous qu'ils sont de premier ordre.

A l'entendre, notre grand état-major enlevant toute initiative, toute liberté d'action, n'aurait préparé qu'un jeu d'enfants, pointé le compas à la main et n'ayant rien de commun avec la guerre.

La vérité, au contraire, est que nous avons tous été frappés par l'esprit d'ordre, de méthode, de prévoyance, obtenu dans le maniement de ces énormes masses d'hommes et de chevaux, grâce à l'inspiration du généralissime secondé par un état-major plus que l'émule aujourd'hui de celui créé dans l'Empire allemand.

Quant à la cavalerie, son historique se

résume en deux mots : après l'avoir mutilée, on cherche à la déshonorer.

L'armée ne peut accepter sans protester de semblables attaques, et le pays tout entier doit exiger que la lumière se fasse.

La discipline veut que tous s'inclinent devant la critique et l'abritrage du directeur général des manœuvres qui seul a le pouvoir et le droit de décider en toute connaissance de cause, parce qu'il a dans les mains des appréciations et les rapports de ses subordonnés.

Quoique rentré dans la vie civile, le chroniqueur de la *Revue des Deux-Mondes* ne peut méconnaitre la force indiscutable de ce verdict, car voici les termes énoncés dans les dernières pages de son livre :

« *Généralissime désigné pour la guerre, le général Saussier est, dans toute la force des termes, selon une heureuse formule, le chef respecté, admiré et vénéré de toute l'armée ; respecté pour son caractère le plus droit et le plus simple ; admiré pour la solidité d'une intelligence toujours en éveil, claire et nette, inaccessible aux émotions passagères, réfléchie et forte.* »

C'est bien là toute la pensée de l'armée entière. Alors, cessons toute discussion, et puisque nous sommes du même avis pour croire au jugement du « caractère le plus droit et inaccessible aux émotions passagères », attendons le verdict rendu dans le rapport officiel que le généralissime doit envoyer prochainement à M. le Ministre de la guerre.

Et après, que justice soit faite !

Si, selon votre dire, des généraux ou d'autres chefs ont manqué de vigueur, d'initiative, d'entrain ou de savoir, pas de faiblesse ! qu'on les renvoie ! car les questions personnelles ne peuvent être mises en balance avec les intérêts du pays.

Mais, si les insinuations ou les attaques sont démontrées fausses, alors, à notre tour, nous dirons avec *Corneille* à l'auteur de la *Revue des Deux-Mondes* :

Faites votre devoir et laissez faire aux dieux.

Laissez faire aux dieux, mais faites votre devoir en cessant de briser la confiance entre les armes, de déconsidérer les chefs et de semer le poison mortel de l'indiscipline dans l'âme du soldat.

Pendant les manœuvres, le 10 septembre, le souverain d'une grande puissance reçut au milieu d'une représentation au théâtre de Munich une dépêche dont l'impression faite sur lui frappa les spectateurs. Il s'agissait, a-t-on dit, d'un télégramme annonçant les discours enthousiastes et les résultats des manœuvres françaises dans l'Est, et ce fut trois jours après que ce souverain prononça à Erfurt les paroles véhémentes que l'on sait.

Telle fut la profonde impression produite à l'étranger par le succès éclatant des grandes manœuvres. L'auteur de la *Revue des Deux Mondes* pense-t-il que sa brochure retentissante aura la bonne fortune d'augmenter au delà des Vosges le privilège de notre armée et de ses chefs?

Nous laisserons à nos lecteurs le soin de décider!

Paris-Imp. PAUL DUPONT, 4, rue du Bouloi. — 1659.12.91.

IMPRIMERIE PAUL DUPONT
4, RUE DU BOULOI, 4

www.ingramcontent.com/pod-product-compliance
Ingram Content Group UK Ltd.
Pitfield, Milton Keynes, MK11 3LW, UK
UKHW022127190726
13855UKWH00003B/1059

9 782013 066372